AF331365

NOTE

RELATIVE A DESCARTES.

NOTE RELATIVE

A

DESCARTES.

Paris

IMPRIMERIE DE MADAME VEUVE BOUCHARD-HUZARD
RUE DE L'ÉPERON, 5.

1867

NOTE

RELATIVE A DESCARTES.

On lit dans la vie de madame Swetchine, par **M**. le comte de Falloux :

« Vers écrits par le comte de Maistre sur le monument de Descartes :

> Esclave dans les murs du cloître et de l'école,
> La raison n'osait rien ; je vins briser ses fers.
> Je flétris des vieux mots la science frivole,
> Et c'est moi qui donnai Newton à l'univers !

« 1. Quoique M. de Maistre ne soit pas rangé parmi les détracteurs de Descartes, j'ai hésité à lui attribuer ces vers sur l'unique foi de la rédaction amphibologique qui les précède. J'ai cru soumettre mon doute à l'homme le plus capable de le résoudre, en l'adressant à M. Cousin. Voici la réponse que j'ai eu l'honneur de recevoir de lui :

« Le vers que vous m'adressez est beau et vrai. C'est, en
« effet, Descartes qui a donné Newton à l'univers ; car la
« difficulté suprême était de comprendre que le problème
« de la constitution des mondes était un problème de méca-

★

« nique, et Descartes est le premier qui ait dit cela. Le
« problème, une fois bien posé, a été successivement ré-
« solu par Huyghens et par Newton. C'est donc à Des-
« cartes, comme au premier inventeur, qu'il faut rap-
« porter le système du monde et une partie de la gloire de
« Newton. M. de Maistre a donc ici parfaitement raison et
« son vers est de toute vérité. J'ignore si d'autres con-
« naissent cette pièce de vers de M. de Maistre, mais pour
« moi elle m'était inconnue. D'ailleurs sur quel monu-
« ment de Descartes ces vers auraient-ils été placés? il
« n'y a pas de monument élevé à Descartes. Quand ses
« restes revinrent de Suède à Paris, on les déposa un mo-
« ment à Sainte-Geneviève, et ses disciples de tous les rangs
« se réunirent pour entendre son oraison funèbre que de-
« vait prononcer l'abbé Lallemant, l'orateur de l'université
« au XVIIe siècle. Un ordre du roi arrêta la cérémonie et
« ferma la bouche au savant orateur. Le corps de Des-
« cartes était à Saint-Germain-des-Prés ; la restauration l'a
« fait transporter au cimetière du Père-Lachaise. Sa tête a
« été promenée dans les amphithéâtres du muséum d'his-
« toire naturelle. Il n'y avait pas, il y a quarante ans, une
« édition complète de ses ouvrages. Celle que j'ai donnée
« n'est pas digne de lui : j'étais trop jeune alors pour une
« pareille entreprise. J'applaudis donc à M. de Maistre si,
« comme je le suppose, il a fait ces vers pour être gravés
« sur le monument qu'il demandait qu'on élevât enfin
« à Descartes. »

Il y a, dans le passage qui précède, des signes d'étranges
et singulières préoccupations ; on en sera convaincu par
la lecture des observations qui vont suivre.

Dans la *Biographie universelle*, les auteurs de cet ouvrage, d'accord avec ce que l'on savait déjà à cet égard, rapportent que, le **11 février 1650**, Descartes mourut en Suède où la reine Christine l'avait appelé, et que son corps fut transporté à Paris en **1666**. Il fut alors placé dans l'ancienne église de Sainte-Geneviève où il était encore à l'époque de la révolution française. A la suite de cette révolution, ses restes furent déposés, avec ceux de Boileau, de la Fontaine et de Molière, dans le jardin du musée des monuments français (1), et le monument qui était à Sainte-Geneviève fut placé dans ce musée. Voici ce que l'on trouve à ce sujet dans la *Description historique et chronologique des monuments de sculpture réunis au musée des monuments français* (par Alexandre Lenoir, conservateur de ce musée; 3ᵉ édition revue, corrigée et considérablement augmentée; an V de la République).

Nᵒ 180.

De Sainte-Geneviève.

Médaillon, en terre cuite, de René Descartes, mort en Suède, en 1650, posé sur une espèce de colonne en marbre blanc, sur laquelle on lit les inscriptions suivantes :

La première, qui est en latin, est du père Lallemand, chanoine régulier de Sainte-Geneviève; la seconde, en français, est de Gaspard Fieubet, conseiller d'État, mort en 1694.

RENATUS DESCARTES.

Vir suprà titulos omnium retro
Philosophorum, nobilis genere,
Armoricus gente, Turonicus origine.
   In Galliâ, Flexiæ studuit ;
   In Pannoniâ miles meruit ;
   In Bataviâ philosophus delituit ;

---

(1) Ancienne maison du couvent des Petits-Augustins, où est maintenant l'école des beaux-arts.

In Suecià vocatus occubuit.
Tanti viri pretiosas reliquias,
Galliarum percelebris tunc legatus,
Petrus Chanut, Christinæ
Sapientissimæ Reginæ, sapientium
Amatrici, invidere non potuit
Nec vindicare patriæ, sed, quibus licuit
Cumulatus honoribus, peregrinæ terræ
Mandavit invitus,
Anno domini 1650, mens. Febr. 10, ætatis 54.
Tandem, post septem et decem annos,
In gratiam christianissimi Regis
Ludovici decimi quarti,
Virorum insignium cultoris
Et remuneratoris, procurante
PETRO DALIBERT,
Sepulchri pio et amico violatore,
Patriæ redditæ sunt;
Et in isto urbis et artium culmine
Positæ : Ut qui vivus apud exteros otium
Et famam quæsiverat, mortuus
Apud suos cum laude quiesceret, suis
Et exteris in exemplum
Et documentum futurus.
I nunc, Viator,
Et Divinitatis immortalitatisque animæ
Maximum et clarum assertorem aut jam
Crede felicem aut precibus redde.

Descartes dont tu vois ici la sépulture
A dessillé les yeux des aveugles mortels;
Et gardant le respect que l'on doit aux autels,
Leur a du monde entier démontré la structure.
Son nom par mille écrits se rendit glorieux;
Son esprit, mesurant et la terre et les cieux,
En pénétra l'abîme, en perça les nuages;
Cependant comme un autre il cède aux lois du sort,
Lui qui vivrait autant que ses divins ouvrages,
Si le sage pouvait s'affranchir de la mort.

Dix-sept ans après la mort de Descartes, ses os et ses cendres furent transportés en France par son ami Dalibert, trésorier de France.

Après la suppression du musée des monuments français, les restes de Descartes furent portés à l'église de Saint-Germain-des-Prés, ainsi que l'atteste le document suivant :

EXTRAIT DU MONITEUR DU 1er MARS 1819 (p. 247).

Procès-verbal de la remise, à MM. les commissaires de M. le préfet de la Seine, des restes de Descartes, Mabillon et Montfaucon qui étaient déposés dans le jardin des Petits-Augustins.

En vertu des instructions de Son Exc. le ministre secrétaire d'État de l'intérieur, en date du **18** février courant, et d'après les dispositions faites par M. le comte de Chabrol, conseiller d'État, préfet du département de la Seine, pour la translation, dans l'église de Saint-Germain-des-Prés, des restes de René Descartes, Jean Mabillon et Bernard Montfaucon, déposés dans le jardin des Petits-Augustins, les cendres de ces hommes illustres ont été extraites, aujourd'hui vingt-six février mil huit cent dix-neuf, à onze heures du matin, des tombeaux qui les renfermaient, en présence de M. Ch. J. Delafolie, conservateur des monuments publics, délégué par le ministre, de M. Sobry, commissaire de police d'une part, et de l'autre de M. le chevalier Piault, maire du 10e arrondissement, de M. Delaborne, son adjoint, et de MM. Laribbe et Godde, délégués par le préfet de la Seine.

Les cendres ont été recueillies avec une religieuse attention dans trois cercueils de chêne préparés à cet effet, lesquels, après avoir été fermés et scellés avec le cachet de la conservation des monuments et du commissariat de police, ont été transportés dans la grande salle des dépôts des Petits-Augustins, où se trouvaient réunies, pour assister à leur translation, deux députations, l'une de l'Académie des sciences, l'autre de l'Académie des inscriptions et belles-lettres de l'Institut.

Le conservateur des monuments sus-nommé a fait alors remise, à M. le chevalier Piault, maire du 10e arrondissement, à son adjoint, à MM. les commissaires du préfet de la Seine, des trois cercueils clos et scellés ainsi qu'il est dit, et contenant les restes de René Descartes, Jean Mabillon et Bernard Montfaucon, pour être, selon les dispositions projetées par le préfet, transférés dans l'église de Saint-Germain-des-Prés.

En foi de quoi M. le maire du 10ᵉ arrondissement, ses adjoints, les commissaires de M. le préfet et le conservateur des monuments, ainsi que M. Sobry, commissaire de police, ont signé le présent procès-verbal pour servir et valoir à ce que de raison.

Fait à Paris, les jours, mois et an que dessus.

Signé : PIAULT, DELABORNE, Ch. J. DELAFOLIE, SOBRY, LARIBBE, GODDE.

Chacun peut constater que les restes de Descartes reposent, en effet, à Saint-Germain-des-Prés, dans la seconde chapelle après la sacristie; ils sont placés entre ceux des deux savants bénédictins Mabillon et Montfaucon; on a mis devant les cendres de ce grand homme l'inscription suivante, gravée sur le marbre :

MEMORIAE

RENATI · DESCARTES

RECONDITIORIS · DOCTRINAE

LAUDE

ET·INGENII · SVBTILITATE

PRAECELLENTISSIMI

QVI · PRIMVS

A · RENOVATIS · IN · EVROPA

BONARVM · LITTERARVM · STVDIIS

RATIONIS · HVMANAE

JVRA

SALVA · FIDEI · CHRISTIANAE

AVCTORITATE

VINDICAVIT · ET · ASSERVIT

NVNC

VERITATIS

QVAM · VNICE · COLVIT

CONSPECTV

FRVITVR

Nous avons dit que les restes de Descartes étaient placés entre ceux de Mabillon et de Montfaucon ; au-dessous des trois inscriptions relatives à ces hommes célèbres, on en lit une collective, due, croyons-nous, comme les précédentes, à la plume de M. Petit-Radel, membre de l'Institut, et conçue en ces termes :

QVORVM · CINERES · RELIGIOSE · PRIMVM · LOCVLIS · SVIS ·
CONDITOS · DEHINC · COMMVNI · FATO · PER · XXV · ANNOS |
INTER · PROFANA · EXVLES · QVVM · TERRAE · SACRAE · RE
NOVATA · PIARVM · EXEQVIARVM · POMPA · REDDERENTUR |
REGIA · INSCRIPTIONVM · ET · HVMANIORVM · LITTERARVM ·
ACADEMIA | TITVLIS · ADSCRIPTIS · SERIORIBVS · AETATIBVS ·
COMMENDAVIT · XXVI · FEBR · MDCCCXIX.

Notre intention n'est pas de revenir sur chacune des assertions contenues dans la note qui a donné lieu à ces éclaircissements ; nous nous bornerons aux observations suivantes :

On a écrit : « Il n'y a pas de monument élevé à Descartes. » Un premier monument lui a au contraire été élevé sous Louis XIV, et un second, par suite des circonstances que l'on a vues, sous Louis XVIII.

On a écrit : « Quand ses restes revinrent de Suède à Paris, on les déposa un moment à Sainte-Geneviève. » Ils y ont au contraire reposé (de 1666 à la révolution) plus de cent vingt-cinq ans.

On a écrit : « Le corps de Descartes était à Saint-Germain-des-Prés ; la restauration l'a fait transporter au cimetière du Père-Lachaise. » C'est au contraire la restauration qui l'a fait transporter à Saint-Germain-des-Prés (26 février 1819).

On donne à entendre que les restes de Descartes sont

actuellement au Père-Lachaise : aujourd'hui encore, au contraire, ils reposent à l'abbaye, où ils sont signalés à l'attention par la belle inscription que nous venons de transcrire.

De tout cela que faut-il conclure? Pour nous, nous contentant d'avoir mis en opposition le passage qui a donné lieu à ces remarques et ces observations elles-mêmes, nous laisserons à d'autres le soin de déduire les conséquences et de tirer la conclusion.

Décembre 1866.

A. R. P.

Paris.—Impr. de madame veuve Bouchard-Huzard, r. de l'Éperon, 5.